CONSTITUTION

INTÉRIEURE DES COLONIES,

SUBORDONNÉE

A LEURS RAPPORTS COMMERCIAUX

AVEC

LA MÉTROPOLE.

LETTRE D'INVITATION

Aux Députations extraordinaires de toutes les Isles Françoises de se réunir pour prévenir les malheurs dont un enthousiasme mal entendu menace nos Colonies.

Paris, le 19 Janvier 1791.

MESSIEURS,

LE danger imminent qui menace les Colonies Françoises d'une subversion totale, & l'identité absolue qui règne entre la prospérité du Commerce de France & celle des Isles, dictent la nécessité d'une réunion prompte & efficace entre les parties intéressées (1).

---

(1) L'existence de ce danger n'est que trop prouvée par les efforts que les amis des N.... font pour augmenter le nombre de leurs prosélytes, afin d'exécuter leur funeste projet, soit par un Décret que, sous le nom de l'humanité, ils espèrent obtenir, soit par d'autres moyens moins légaux & plus violens, mais également légitimes à leur yeux. L'avis de la réunion des Colons à cet effet est sorti du Comité Colonial.

iv

C'eft pourquoi les Commiffaires de la Société des Colons, tenant leurs féances à l'Hôtel de Maffiac, & ceux des Américains venus de Saint-Domingue fur le vaiffeau *le Léopard*, d'après leur miffion expreffe, affemblés audit Hôtel, ont l'honneur d'inviter MM. les Colons-Propriétaires & Députés, tant des différentes Ifles du Vent, de l'Amérique feptentrionale, que des Ifles de France, de Bourbon, de la Guyanne Françoife, & MM. les Députés extraordinaires du Commerce de France, à nommer auffi des Commiffaires pour concourir au plutôt, de concert avec eux, au parti à prendre dans des circonftances auffi critiques.

Nous avons l'honeur d'être avec un fraternel attachement,

MESSIEURS,

Vos très-humbles & très-obéiffans Serviteurs,

Signé, DE LA CHEVALERIE, DAUGY, LARCHEVÊQUE-THIBAULT, DE BOURCEL-BILLARD, ANNIBAL D'AGOULT, ROSSIGNOL DE GRANDMONT, CORMIER, THENET.

DISCOURS

Prononcé le 3 Février 1791, dans un Comité de Commissaires des 85 Colons arrivés en France, sous la dénomination d'Assemblée Générale de la Partie Françoise de Saint-Domingue, des Députés extraordinaires des différentes Colonies Françoises, des Colons résidans ordinairement à Paris, & des Députés extraordinaires du Commerce, réunis à l'effet d'aviser aux moyens à employer pour faire cesser les désordres qui règnent dans les Colonies, & écarter les dangers qui menacent leurs propriétés.

Par M. DE PONS, Habitant de Saint-Domingue.

Un grand danger nous rassemble. L'enthousiasme de la Liberté gagne tous les cœurs. Une Société infatigable a juré de procurer à tous les hommes ce bienfait qu'ils ont reçu de la Nature, mais que des combinaisons politiques, leur ont enlevé.

L'Assemblée Nationale, liée par les principes qui servent de base à sa Constitution, ne peut, sans abattre l'édifice qu'elle a élevé, se refuser à consacrer un systême sur lequel toutes ses opérations sont fondées. Cependant les Colonies ont une espèce de population qui cultive la terre en échange de la nourriture, des vêtemens & des soins que le Propriétaire est intéressé à prodiguer, puisque dans le même individu, il voit à la fois, l'homme qui, dans toutes les classes, mérite les égards de ses semblables, & une portion de sa richesse.

Cette Constitution s'est tellement consolidée par le temps, que l'existence des Colonies dépend de son maintien. Si les principes du Droit naturel désavouent une pareille organisation, ceux de la politique la commandent impérieusement.

Déjà des tentatives ont été faites pour soulever tous les Nègres dans les Colonies; déjà, on leur a secretement insinué qu'on ne pouvoit exiger d'eux aucun travail ; déjà l'alarme est répandue dans toutes ces Contrées lointaines, & le Propriétaire est en même temps menacé d'une ruine & d'un carnage inévitables.

Depuis le mois d'Octobre 1789, que la nouvelle de la Révolution françoise parvint dans les Colonies, les désordres, les troubles s'y sont établis. Ceux que l'ancien régime favorisoit ont cherché à écarter l'influence de la régénération ; ceux à qui une subversion totale auroit convenu, ont prétendu que la déclaration des Droits de l'Homme brisoit tous les liens de la subordination. Le Cultivateur s'est trouvé placé entre le danger de continuer à vivre sous un régime vexatoire, & celui de voir anéantir sa fortune & de devenir victime de sa propriété.

Les évènemens horribles que la division d'intérêt a emmené dans les Colonies, & sur-tout à Saint-Domingue, ont fait une impression profonde dans les cœurs de tous les Colons.

Le massacre de la nuit du 29 au 30 Juillet, arrivé au Port-au-Prince ; l'armement du Cap contre les vrais, les légitimes & les seuls Représentans de la Colonie ; l'embarquement de quatre-vingt-cinq Cultivateurs, abandonnant leurs possessions, leurs familles, leurs habitudes, pour venir déposer leurs plaintes

A 3

dans le sein de la Nation françoise; la conversion en crime, de leur courageuse vertu; l'ingratitude d'une Ville qui leur doit sa fortune, non-seulement leur réfusant l'hospitalité, mais encore mettant en délibération, si on attenteroit à leur liberté; des Adresses d'autres Villes qui, par leurs relations avec les Colonies, doivent conserver quelque reconnoissance pour elles, tendantes à invoquer toute la sévérité des Loix, contre les Représentans de ces Colonies, & à substituer le supplice aux éloges que leur démarche mérite; un jugement rendu contr'eux, sans qu'ils aient été entendus, par lequel ils sont ignominieusement dépouillés du caractère sacré que leurs Concitoyens leur avoient imprimé; leurs assassins remerciés, &c, &c. sont autant de plaies, dont il est plus important qu'on ne s'imagine, d'arrêter les progrès.

L'envoi formidable de Troupes & de Vaisseaux, est très-peu propre à ramener la paix dans les Colonies; il tend au contraire à augmenter les maux qu'on veut prévenir. L'appareil de guerre, porte toujours avec lui, la terreur & l'effroi, & jamais la confiance & l'affection. Ce sont cependant ces deux sentimens qu'une Métropole sage, & sur-tout régénérée comme la France, doit inspirer à ses

Colonies. Si la divifion qui y exifte avoit pour caufe une querelle particulière, & qui ne portât pas plus loin que le lieu dè la fcène, un renfort de Troupes auroit pu y être utile; *MAIS IL S'AGIT DU GOUVERNEMENT.*

Tous ceux qui habitent les Colonies font divifés en deux claffes :

La première, celle des Cultivateurs, veut : qu'à l'inftar de la France, le Pouvoir arbitraire, fous lequel elle a fi long-temps gémi, foit détruit.

Que des Loix fixes, comb nées fur les convenances de la population, du climat & des productions, remplacent un régime dur & oppreffif.

Que des Étrangers, à qui la protection & la faveur d'un Miniftre defpote & intéreffé, à augmenter le nombre de fes créatures, tiennent lieu de connoiffances, & très - fouvent de vertus, ne foient plus revêtus de la noble fonction d'adminiftrer la Juftice.

Que les frais ruineux pour les Débiteurs, & les longueurs préjudiciables aux Créanciers, foient réduits, au taux & au délai que la Loi aura prefcrits.

Que des Magiftrats choifis par le Peuple, foient chargés du foin de la Police.

Que les fausses mesures, les faux poids, l'altération de la qualité des marchandises qui ont grossi la dette coloniale, au point où elle se trouve, ne soient plus dans les mains du Commerce, des moyens de monopole ruineux pour l'Habitant.

La seconde classe, composée des Officiers d'Administration & de Justice, & dans laquelle s'est rangé le Commerce, soutient au contraire (*& soutient par les armes*) que la régénération opérée en France ne doit point s'étendre jusques dans les Colonies ; que la forme du Gouvernement qui y existe est la seule qui leur convienne ; que les Municipalités, cette institution si précieuse, ne peuvent s'adapter aux Colonies ; que les Gouverneurs doivent y avoir l'autorité des Despotes de l'Asie ; que les Intendans supprimés dans le Royaume doivent être conservés dans les Colonies ; & tout en invoquant les Décrets de l'Assemblée Nationale, tout ce que l'imagination peut se former de plus atroce a été employé pour le soutien de ce systême destructeur.

Les cris de tous ceux qui constituent le Gouvernement actuel, sont les élans naturels des regrets d'une autorité sans bornes & sans règles, que le nouveau régime leur enlève-

roit ; ainfi la force de leurs plaintes eft pré-
cifément la mefure des heureux effets d'un
nouvel ordre de chofes , & le fentiment de
l'indifférence eft le feul qu'elles doivent inf-
pirer.

Quant au Commerce , fes importantes liai-
fons exigent qu'on lui procure toute l'exten-
fion dont il eft fufceptible ; qu'on lui conferve
le privilège de fournir les Colonies de tous
les objets que la France produit ; que la loi &
les formes concourent à lui garantir la certitude du paiement aux époques convenues ;
qu'il foit pris des mefures concertées entre
le Commerce & le Cultivateur pour payer les
fommes que les Colonies doivent.

Il doit être ftipulé dans le même contrat en
faveur de l'habitant, qu'il aura la faculté de
recevoir, par les voies qui lui paroîtront les
plus convenables, tout ce que la France ne
peut fournir ; qu'une Police févère & impar-
tiale aura l'infpection immédiate des mefures,
poids, aunages & qualités.

Autant que ces grands intérêts ne feront
pas réglés, les divifions fe perpétueront, le
Commerce & l'Habitant exagèreront leurs prétentions, les Agens du Gouvernement pro-
fiteront de ces diffentions pour fe maintenir

dans le droit tyrannique de régir defpotique-
ment les Colonies ; celles-ci jureront une
haïne implacable à l'Adminiftration, dont
les finiftres effets feront peut-être retardés,
mais dont l'éclat n'en fera que plus terrible,
à la première occafion qui fe préfentera de la
manifefter.

Le moindre inconvénient qui puiffe en
réfulter, & dont cependant le préjudice feroit incalculable, eft une méfiance récipro-
que entre le Négociant & l'Habitant ; de la
méfiance à la mauvaife foi, il n'y a qu'un
pas, & de la mauvaife foi à la violation des
traités, l'intervalle eft encore moindre.

Le deftin des Colonies a été prévu par des
hommes à la prédiction defquels les événe-
mens femblent plier. Le judicieux Turgot,
l'immortel Raynal, M. de Mirabeau, l'Au-
teur des *Difcours fur la politique naturelle*,
celui des *Recherches fur les États-Unis*, &
autres, ont vu que la marche politique con-
duit les Colonies à l'indépendance. Si quelque
chofe peut retarder l'effet de cet événement,
c'eft d'attacher les Colonies Françoifes à
leur Métropole, non par des chaînes qui
les plongeroient dans un défefpoir funefte ;
mais par des liens doux, où leur intérêt & celui

de la Métropole, soient combinés de manière à ce que l'union soit également avantageuse aux deux parties.

La qualité de Mère-Patrie donne à la France un ascendant naturel sur ses Colonies; l'uniformité de la langue, des mœurs & des habitudes privées, ajoutent encore à cette espèce de suprématie; ainsi on ne doit pas craindre que les Colonies prétendent rivaliser avec la France pour la rédaction des loix générales. Elles obéiront sans répugnance à toutes celles qui coucourront au bien général de l'Etat; mais il faut s'attendre des hommes qui connoissent les droits qui résident dans le peuple, que toute loi qui porteroit avec elle le sceau de l'oppression & de la tyrannie, occasionneroit les plus grands malheurs.

Le tems où la force tenoit lieu de raison est passé. Tous les François, dans quelque coin de la terre qu'ils soient placés, sont élevés à la dignité D'HOMMES, & tout homme a le droit de résister à l'oppression, & de refuser obéissance au pouvoir arbitraire qui, au lieu de soulager ses maux, en augmente le nombre, & qui, loin de lui offrir une protection assurée contre les vexations, le condamnent à en être perpétuellement la victime.

Quelques fortes que soient ces vérités, je

n'héfite pas à les dire, parce qu'en politique il vaut beaucoup mieux trop prévoir, que de ne pas prévoir affez. La diffimulation eft le propre d'un gouvernement artificieux, mais la franchife eft celui d'une adminiftration fage.

Je paffe à l'examen des trois queftions auxquelles notre dernière conférence s'eft réduite.

<hr>

PREMIERE QUESTION.

Peut - on demander à l'Affemblée Nationale qu'elle prononce explicitement la continuation de l'efclavage ?

Je ne crois pas que, dans aucun cas, on puiffe fe permettre une pareille démarche, qui entraîne après elle une infinité de dangers, & dont le fuccès le plus complet laifferoit encore les Colonies dans les mêmes incertitudes où elles font. En effet, une telle demande ne fauroit être accueillie par l'Affemblée Nationale, fans qu'elle foulât aux pieds tous fes principes. Le même Corps conftituant qui a déclaré que *tous les hommes naiffent libres*, ne peut certainement pas décréter

qu'une partie de ces hommes *naissent esclaves.*
Ainsi agiter une question aussi importante,
seroit s'exposer ou à faire rendre un Décret
contraire à nos vœux, ou à voir rejetter notre
demande ; ce qui équivaudroit, pour la Secte
Philantropique, à un Décret d'affranchisse-
ment général. Elle ne manqueroit pas de se
faire un titre du silence de l'Assemblée Nationale sur notre Pétition, & de porter dans
les Colonies la désolation & le ravage dont
les résultats seroient à la vérité de les anéantir, de ruiner le Royaume & de procurer aux Negres une existence que leur caractère indolent, paresseux & ignorant, leur
rendroit bien plus dure que celle qu'ils ont
dans ce moment. Car l'humanité & l'intérêt
font en même-tems une loi au propriétaire
de veiller à leur conservation, de les défendre contre tous les besoins, de n'exiger d'eux
qu'un travail proportionné à leurs forces.

Quel est le Paysan de la France qui ne
changeroit pas sa condition, toute libre qu'elle
est, contre la certitude d'être bien nourri,
bien habillé, bien soigné dans ses maladies,
& entretenu, sans travail, dans sa vieillesse ?
Mais l'enthousiasme, effet naturel de l'imagination exaltée, préfère la chimère à la réa-
lité. C'est ainsi que la Société Philantropique,

ſous prétexte de liberté, plongeroit, par l’effet de ſon ſyſtême, cette claſſe d’hommes dans un état pire que la mort.

Je ſuppoſe que l’Aſſemblée Nationale, forcée par l’intérêt du Royaume, ſe décidât à rendre le Décret que nous lui demanderions ; je ſoutiens qu’étant diamétralement oppoſé à ſes principes, elle pourroit, elle devroit même le révoquer lorſque les circonſtances le lui permettroient ; ainſi toujours mêmes anxiétés, toujours mêmes inquiétudes dans les Colonies.

SECONDE QUESTION.

Doit-on, au contraire, demander une portion du Pouvoir Légiſlatif pour les Colonies, au ſeul effet de faire des Loix ſur l’Eſclavage, & autres parties du Régime intérieur, qui n’intéreſſent nullement la Métropole ?

Cette demande eſt la ſeule qui puiſſe concilier les intérêts des Colonies avec les principes de l’Aſſemblée Nationale, parce qu’elle peut & doit déléguer la partie du Pouvoir légiſlatif néceſſaire pour faire les loix qui conviennent au régime particulier des Colonies.

L'observation que l'on a quelquefois faite, que deux corps législatifs ne peuvent pas exister à la fois dans le même Empire, reçoit dans ce cas une exception que la différence des lieux exige.

La nouvelle Angleterre, dont la constitution est admirée de toute l'Europe, a adopté cette même forme.

Le Congrès fait les Loix générales des Treize Etats-Unis, & chacun d'eux a le droit de faire ses loix particulières : voilà différens corps législatifs dans un même Etat.

Cette remarque n'a pas échappé à M. Garat, Député à l'Assemblée Nationale, dans son discours sur la députation des Colonies :

» Peut-être, Messieurs, disoit - il à l'As-
» semblée Nationale, au commencement du
» mois de Juillet 1789, il s'offroit à vous
» une autre question aussi importante ; peut-
» être vous pouviez & vous deviez examiner
» si, pour conserver dans toute leur étendue
» les droits de la Colonie de Saint-Domingue,
» il ne valoit pas mieux établir dans son sein
» même une Assemblée Coloniale, Légis-
» latrice et Souveraine, en concours
» avec le Roi, qui auroit toujours sur elle,
» comme sur la Nation, toute la puissance
» exécutrice.

» Dans cette forme, la Colonie de Saint-
» Domingue ne feroit pas expofée à voir
» le petit nombre de fes fuffrages fe perdre
» & s'évanouir dans les douze ou treize cents
» fuffrages de l'Affemblée Nationale; & l'Af-
» femblée Nationale eut été difpenfée de
» recevoir dans fon fein, des Députés Colons
» qui voteront fur nos impôts, fur nos che-
» mins, fur nos établiffemens publics, fur un
» grand nombre d'objets qui ne les intéreffent
» pas, ou qui ne les intéreffent que très-in-
» directement. »

L'Irlande, à qui l'Angleterre n'a pas pu
refufer un Parlement particulier, offre encore un exemple qu'il n'eft pas inconftitu-
tionnel que différens Corps légiflatifs exiftent
dans un même Empire.

Je demande, à mon tour, à ceux dont l'opinion fur ce point diffère de la mienne, qu'ils
ayent la bonté de me répondre, s'il n'eft pas
de l'effence politique d'un Etat, d'être régi
par la même Conftitution, par les mêmes
Loix. Leur réponfe ne fauroit être négative;
car fans l'uniformité de Conftitution, point
de liberté politique, point de liberté civile;
auffi l'objet des vœux de la France s'expri-
moit-il depuis long-tems par ces mots : *une
Loi! un Roi! un poids! une mefure!*

Cependant

Cependant il a été décrété le 8 Mars dernier, *que les Colonies font partie de l'Empire
François, qu'elles ne font point comprifes dans
la Conftitution décrétée pour le Royaume, &
qu'elles font autorifées à faire connoître leur
vœu fur leur Conftitution particulière.* Voilà
deux Conftitutions dans le même Empire ;
par qui doivent-elles être faites ? VOILA LA
GRANDE QUESTION :

Une Conftitution eft l'enfemble des loix
deftinées à gouverner les hommes, dans la
formation defquelles on a dû combiner l'influence du climat, des mœurs, de la population, des productions & des relations avec
les Puiffances voifines ; c'eft un édifice qui
ne peut être fait ailleurs que fur les lieux,
& par les feuls hommes qui y ont intérêt.
D'après ces principes, l'Affemblée Nationale
eft bien le feul Corps en qui réfide la fouve-
raineté pour la Conftitution générale de l'Empire ; mais doit-elle exercer ce droit fur la
Conftitution particulière des Colonies ? Sa
fageffe & fa juftice lui font un devoir de s'en
difpenfer.

1.° Parce que chacun de fes Membres ne
connoît pas ce qui convient aux Colonies.

2.° Parce que dans l'Affemblée Nationale,
es feuls Députés des Colonies font affujet-

B

tis à leur Conftitution particulière, & que *nul ne peut concourir à la formation d'une loi à laquelle il n'eft point affujetti.*

3.° Parce que, felon la faine raifon, & felon tous les principes du droit public, le même Corps conftituant ne peut pas pofer les fondemens de deux Conftitutions différentes.

4.° Le befoin des loix intérieures eft un befoin journalier, & le droit de les rendre, ayant jufqu'à préfent réfidé dans les deux Adminiftrateurs envoyés par le Roi, il doit être reftitué à la portion du Peuple François qui habite les Colonies, comme celui de faire les Loix générales de l'Empire, a paffé des mains du Roi dans celles de la Nation.

C'eft ainfi que l'Angleterre, cette Métropole *marâtre*, en ufe envers fes Colonies· M. Smith affure que les Colonies Angloifes font celles qui ont eu le moins à fe plaindre de leur Métropole, fi toutefois on en excepte leur commerce étranger. Elles ont eu pleine liberté, dit-il, de faire leurs affaires comme elles l'entendoient. Cette liberté, dont elles jouiffent à tous égards comme leurs concitoyens de l'Europe, leur eft affurée de la même manière par une Affemblée de Repréfentans du Peuple, laquelle ne réclame le droit de mettre des impôts que pour le main-

tien du Gouvernement de la Colonie. Cette
Affemblée eft une barrière contre les atten-
tats du Pouvoir exécutif : le Colon le plus
en butte au Gouverneur, & aux Officiers
civils & militaires, n'a rien à craindre de leur
reffentiment tant qu'il obéit aux loix. Quoi-
que les Affemblées de la Colonie ne foient
pas toujours une repréfentation bien complette du Peuple, non plus que la Chambre
des Communes en Angleterre, cependant le
Pouvoir exécutif, n'ayant ni le moyen ni le
befoin de les corrompre, puifqu'il eft entretenu par la Mère-Patrie, peut-être fe con-
forment-elles mieux aux intentions de leurs
Commettans. (1)

Pour peu qu'on veuille fuppléer à l'infuffi-
fance de mes idées, je crois avoir prouvé
qu'il eft auffi ridicule de difconvenir que le
Pouvoir légiflatif ne fe délègue pas, malgré
que les convenances locales l'exigent, qu'il
eft contre tous les principes de foutenir que
le même Corps conftituant peut faire deux
Conftitutions différentes. J'obferve cependant
que le pouvoir de faire les loix locales doit
être borné à ce qui eft purement relatif à l'intérieur des Colonies, & qui ne bleffe en rien

----

(a) Smith. Richeffe des Nations.

B 4

ni leurs rapports commerciaux avec la France, ni les Loix fondamentales de l'Empire. La nécessité d'en poser les bornes, présente naturellement celle de définir le régime intérieur ; il consiste, selon moi, dans le droit :

1.º De former les Assemblées générales & administratives, d'en régler la composition & la périodicité.

2.º D'organiser la Police.

3.º De surveiller les Tribunaux & tous les Officiers civils & militaires.

4.º De distribuer les terres non concédées.

5.º De régler la forme des affranchissemens.

6.º De déterminer la nature des Impôts & de les augmenter ou diminuer selon les besoins des Colonies.

7.º De fixer les dépenses générales, & d'allouer les comptes des dépenses journalières

8.º De vérifier & arrêter les comptes des Receveurs des différens droits.

9.º D'appliquer les biens du Clergé qui se trouvent dans les Colonies à quelqu'utilité publique , & de pourvoir aux frais du Culte.

10.º D'approvisionner les Colonies en comestibles.

11.º Enfin, de faire tout ce qui a rapport à l'intérieur des Colonies, & qui ne blesse en rien leurs relations politiques ou commerciales avec la Métropole.

TROISIEME QUESTION.

Doit-on se borner à faire, quant à présent, une simple déclaration contre le système des Amis des Noirs ?

Un acte de cet espèce, seroit bien loin de remplir le but que nous nous sommes proposés. Des déclamations jettées vaguement dans le public, ne feroient qu'encourager nos ennemis & exposeroient les Colonies aux dangers plus prochains encore du redoublement de leurs efforts ; c'est dans la forme constitutionnelle que nous devons puiser les moyens d'assurer pour jamais aux Colonies leur prospérité, & de les attacher par des liens indissolubles à la France. Le droit de faire leurs loix intérieures qu'elles tiennent déjà de la nature, de la raison & de la justice, peut seul y rétablir le calme, & donner au Colon la certitude de n'être jamais inquiété dans sa propriété.

CONCLUSION.

Je conclus à ce que,

Premierement, il soit fait une adresse à l'Assemblée Nationale, pour lui faire connoître les grands sujets de division qui existent dans les Colonies, entre l'Habitant & le Négociant, dont il est intéressant que les prétentions soient réglées ; en conséquence la prier de s'occuper des rapports Commerciaux des Colonies avec la Métropole, afin qu'une loi fixe, soit désormais la regle des deux parties, après toute-fois que les Assemblées Coloniales auront fait parvenir leurs dernières observations.

Secondement, que l'Assemblée Nationale délégue aux Colonies la portion du Pouvoir législatif, nécessaire pour leurs Loix locales & purement intérieures, sauf à en déterminer l'espèce & à en borner l'étendue.

PROCÈS-VERBAL de la Séance des Commissaires-Colons & du Commerce.

Du 3 Février 1791.

Présens MM. DE LA CHEVALERIE, D'AUGY, DE PONS, DE BOURCEL, Commissaires de MM. les Quatre-vingt-cinq, arrivés sur le vaisseau *le Léopard;* DE GRANDMONT, ANNIBAL D'AGOULT, CORMIER, THENET, Commissaires de la Société des Colons François; ABEILLE, Commissaire des Députés extraordinaires du Commerce & des Manufactures; DE LA CHAVRIERE, BOYVIN, Commissaires de la Guadeloupe; DE LA MERLIERE, Commissaire des Colons de l'île-de-France.

MM. de Pons & d'Augy ont fait lecture de leur opinion, sur les trois questions proposées par M. Billard, dans la dernière Séance; & après discussion, il a été reconnu, d'après l'exposé de M. de Pons, qu'il devenoit indispensable de fixer la démarcation des limites entre ce que l'on entendoit par le régime intérieur des Colonies, & les Rapports com-

B

merciaux & communs avec la Métropole ; que pour y parvenir, il étoit néceſſaire qu'une réunion opérée entre le Commerce d'une part & les Colons de l'autre, on s'occupât à déterminer tout ce qui eſt relatif aux Rapports communs & commerciaux ; & à cet effet, qu'il fût préſenté à l'Aſſemblée Nationale une Adreſſe, pour obtenir d'elle, de décréter que les Députés du Commerce & des Manufactures, nommaſſent un certain nombre de Commiſſaires d'une part, & les Colons qui ſe trouvent actuellement à Paris, des différentes poſſeſſions françoiſes, pareil nombre de Commiſſaires d'autre part, leſquels s'occuperont d'un plan de relations commerciales entre la Métropole & les Colonies ; pour ledit plan lui être enſuite préſenté, & être par elle ordonné qu'il ſeroit adreſſé aux Aſſemblées Coloniales, à l'effet d'être ſoumis à leur examen, & même être mis à exécution dans la partie qui ſeroit par elle conſentie, ſauf aux Aſſemblées Coloniales à lui faire parvenir leurs repréſentations & demandes ſur la partie dudit plan qu'elles croiront bleſſer les intérêts de leurs Colonies ; pour ſur leſdites repréſentations & demandes, être par l'Aſſemblée Nationale, décrété ce qu'il appartiendra.

M. de Pons a été nommé Commissaire pour la rédaction de cette Adresse.

La Séance ayant été levée & ajournée à Dimanche prochain, le présent Procès-verbal a été arrêté, clos & signé.

PROJET DE PÉTITION

à

L'ASSEMBLÉE NATIONALE.

MESSIEURS,

LES troubles qui agitent les Colonies sont si violens que tous les Colons, résidans ordinairement à Paris, ceux qui s'y trouvent accidentellement, les Députés extraordinaires de toutes les Colonies Françoises & les Députés extraordinaires du Commerce, se sont réunis pour en prévenir les suites funestes.

Il est démontré que les évènemens sinistres qui se sont succédés dans ces parties lointaines de l'Empire, & qui malheureusement s'y succédent encore, ont deux causes :

La première, la licence & l'insubordination qu'un syêstme destructeur des Colonies y a fait naître ;

La seconde, le choc des passions & des intérêts personnels.

Mais pour parvenir à rendre nuls les effets de la première, il est essentiel de faire cesser celle-ci.

Il existe dans le Gouvernement des Colonies, différentes classes de Citoyens, dont nous ne nous occuperons pas également, parce que leurs plaintes font la suite infaillible de la régénération, qui a pour objet d'anéantir le pouvoir arbitraire, & de détruire les abus qui ne font pas moins nombreux dans les Colonies qu'ils l'étoient en France ; mais celles qui ont de justes droits à la follicitude des Représentans de la Nation, font les Habitans & les Négocians, parce que la Culture & le Commerce constituent essentiellement & uniquement les Colonies.

La division qui règne entre ces deux classes, n'est provenue que des craintes que chacune d'elles a eu, que, dans le nouvel ordre de choses, l'une voulut se donner un empire absolu sur l'autre.

L'Habitant a craint que le Commerce ne mit des entraves à ses cultures ; il a encore supposé qu'il mettoit des obstacles à la régénération, parce que les Officiers d'Administration & de Justice, intéressés à maintenir les choses dans l'ancien état, & ne pouvant y parvenir qu’à la faveur de la division, ont eu l’air de se ranger du parti du Commerce, & se sont étayés de son utilité pour légitimer les démarches de leur intérêt personnel. Le Commerçant à son tour, a cru que l’Habitant, sous prétexte de régénération, vouloit rompre toutes ses liaisons commerciales avec la Métropole; il a vu dans ce système la ruine du Commerce, celle des Manufactures du Royaume; la subsistance ravie à six millions de François, & la prépondérance que le Commerce des Colonies procure à la France sur les Puissances voisines, entièrement anéantie.

Ces erreurs réciproques ont causé les plus grands malheurs. Tous ont également tenu à leur opinion. Tous ont cru soutenir la bonne cause, & la fatale expérience prouve que des intentions pures ne suffisent pas toujours pour faire le bien.

Ces considérations simples, mais justes, présentent naturellement la nécessité de s’occuper sans délai des Rapports commerciaux des Colonies avec la Métropole, afin que des Loix fixes deviennent la règle de l’Habitant & du Négociant, & que des prétentions exagérées, peut être de part & d’autre, ne servent plus d’aliment aux guerres civiles qui ravagent les Colonies.

L'ancienne Législation du Commerce de France avec ses Colonies, est en beaucoup de points vicieuse, & tellement compliquée que chacun croit y trouver des motifs de persister dans son opinion. Il existe aussi plusieurs Loix, dont le changement des circonstances exige la réforme; quelques-unes portent avec elles l'empreinte des passions ou de l'intérêt de ceux qui les ont provoquées.

Si l'ambiguité, le silence, ou la vétusté de ces Loix sont nuisibles aux Colons; leur instabilité, leur incertitude, ou leur inefficacité, ne sont pas moins préjudiciables au Commerce, dont les opérations, déjà sujettes aux variations des circonstances, doivent au moins être protégées par des Loix stables, & surtout claires & précises; car toute Loi équivoque devient injuste, parce qu'elle frappe sans avertir.

Après vous avoir exposé, Messieurs, combien il importe à la France & aux Colonies, que leurs relations commerciales soient traitées promptement; nous devons vous soumettre la forme que nous avons cru devoir adopter.

Nous avons considéré que cette Loi, destinée à cimenter l'union des Colonies à leur

Métropole, doit être combinée fur l'avantage commun.

Il faut donc joindre à la célérité, la plus grande maffe de lumières poffible, & ces lumières réfidant uniquement dans les Colons & dans les Négocians, eux feuls peuvent rapprocher les intérêts divifés, & opérer, par leur réunion en Europe, la réunion fi défirable dans les Colonies.

Tous ces grands motifs nous ont déterminé à vous prier, Meffieurs, d'autorifer le Commerce & les plus confidérables Manufactures du Royaume, à confier le foin de leurs intérêts à des Commiffaires de leur choix, qui fe réuniront à Paris, à un pareil nombre de Colons pris parmi les propriétaires Colons, réfidans ordinairement à Paris, & parmi ceux qui s'y trouvent accidentellement, comme Députés des différentes Ifles Françoifes, ou autrement.

Leur premier objet fera d'inftruire d'abord toutes les Colonies de ce rapprochement, en les prévenant qu'on va s'occuper de leurs intérêts & que la difcuffion en fera faite par un nombre égal d'Habitans & de Négocians.

La nouvelle de ce projet, bien plus éfficace & bien plus conforme à votre fageffe que toutes les précautions qui ont été prifes, y ramènera nécessairement la paix, & chacun des deux partis attendra en silence, le travail dont le résultat doit assurer la prospérité commune.

Les Commissaires réunis s'occuperont, incontinent après, de la discussion des rapports commerciaux ; aussitôt que le plan en sera formé, il sera soumis à l'Assemblée Nationale pour être de nouveau examiné, discuté & envoyé ensuite sans délai aux Assemblées Coloniales, avec pouvoir de mettre à exécution la partie qu'elles en auront consenti, & avec recommandation, au cas qu'elles ayent quelques observations à présenter, de les faire passer sur le champ à l'Assemblée Nationale pour être définitivement statué.

Ce moyen, le plus simple, le plus juste & le plus rapide qu'on puisse prendre, procure à la France & aux Colonies l'inappréciable avantage de faire traiter cette matière, d'où dépend la prospérité de l'Etat, par les Membres actuels du Corps législatif, auxquels l'exercice pénible des fonctions qu'ils ont remplies avec tant d'assiduité, a procuré des connoissances indispensables pour un travail aussi important.

La marche naturelle seroit d'attendre le vœu des Assemblées Coloniales, de consulter enſuite le Commerce, & de décréter ſur ſa pétition ; mais outre qu'elle porteroit l'époque de la confection de cette Loi à plus de deux ans, c'eſt qu'encore ce premier vœu manifeſté par des Aſſemblées Coloniales, formées dans le trouble, éprouveroit une infinité de contradictions ſur les lieux mêmes ; enſuite le Commerce ſeroit conſulté iſolément, & les parties n'étant point en préſence, aucune ne croiroit devoir céder au vœu de l'autre, parce que le développement des motifs n'auroit pas été fait & diſcuté.

De cette manière, le contrat commercial de la France avec ſes Colonies ſeroit bien éloigné d'imprimer cette confiance ſi eſſentielle au Commerce, & au lieu de devenir la ſource du bonheur de tous, il deviendroit infailliblement celle de plus grands maux.

Le projet que nous demandons, Meſſieurs, de pouvoir mettre à exécution, eſt donc le ſeul qui, en même-tems, rétablira dans ces poſſeſſions d'outre-mer l'ordre & la tranquillité, & dégagera le Commerce de cette timidité dont la prudence avoit enveloppé ſes ſpéculations.

Toutes les opérations politiques, relatives aux Colonies, doivent avoir pour baſe leurs rapports

rapports avec la Métropole ; c'est une erreur
que de ne pas commencer par en déterminer
l'étendue & en fixer les bornes. Leurs intérêts
particuliers font foumis à ceux de la France
comme la partie eft foumife au tout, & leur
conftitution particulière ne fauroit même être
faite qu'après que leurs obligations envers la
Mère-Patrie feront fixées.

En effet, il n'eft pas poffible, nous ofons
le dire, Meffieurs, de s'occuper efficacement
de ce qui convient à leurs localités jufqu'à ce
que les loix qui doivent refferrer leurs liens
avec la France foient établies ; autrement en
croyant de ne leur accorder que peu, on leur
accorderoit peut - être trop, & l'intérêt
général de la France en fouffriroit ; ou
bien, pour éviter cet inconvénient, on ne
leur accorderoit pas affez, & leur profpérité
feroit ainfi facrifiée à des précautions outrées.
Une loi où chacun trouve fes devoirs & fes
droits, eft la plus fure fauvegarde de la
fociété.

Les Colonies doivent obtenir, fans doute,
à raifon de la différence du climat, de la
population, des productions, des mœurs
& du grand intervale qui les fépare de la
France, tout ce qui ne nuit pas directement
ou indirectement aux rapports commerciaux ;

mais pour être religieusement observés, il faut qu'ils soient connus, sans cela les désordres se perpétueront dans les Colonies; car autant qu'il, n'y aura pas de boussole, chacun suivra l'impulsion de son intérêt ou de sa bonne-foi abusée. Les exemples affligeans que nous en avons sous les yeux ne prouvent que trop ces vérités.

Le vœu que nous avons l'honneur de vous présenter, Messieurs, est celui de tous les Colons & de tous les Négocians qu'il a été possible de consulter, & cette uniformité d'opinions présente la certitude d'une réunion fraternelle qui garantit à la Patrie le sacrifice de nos intérêts aux siens.

PROJET DE DÉCRET.

L'ASSEMBLÉE NATIONALE toujours disposée à accueillir favorablement les moyens qui lui seront offerts de ramener la paix dans les différentes parties de l'Empire Français, & de faire surtout cesser les divisions funestes qui existent dans les Colonies, autorise, conformément à leur pétition, les Colons résidans ordinairement à Paris, ceux qui s'y trouvent accidentellement & les Députés extraordinaires de toutes les Colonies Françoises, à nommer dix-huit Commissaires qui se réuniront à un pareil nombre de Députés extrordinaires du Commerce & des Manufactures du Royaume, pour concerter ensemble le plan des rapports commerciaux des Colonies avec la Métropole, & le présenter à l'Assemblée Nationale.

Cependant seront suspendues toutes Loix nouvelles, relatives à la Constitution intérieure des Colonies.

SÉANCE du 6 Février 1791.

Présens MM. DE LA CHEVALERIE, D'AUGY, LARCHEVÊQUE-THIBAULT, DE PONS, BOURCEL, Commissaires de MM. les quatre-vingt-cinq, arrivés sur le Vaisseau *le Léopard*; ANNIBAL D'AGOULT, CORMIER, THENET, Commissaires de la Société des Colons François; DE LA CHARRIÈRE, BOIVIN, Commissaires de la Guadeloupe.

A l'ouverture de la séance, M. de Pons a fait lecture du projet d'adresse à l'Assemblée Nationale, qu'il avoit été chargé de rédiger & proposer par délibération du 3 de ce mois. Ce projet, après avoir été discuté, a été approuvé, & sur l'observation de M. de Bourcel, qu'il convenoit d'y ajouter un projet de Décret, M. de Pons a été invité de le proposer à la prochaine séance.

Et attendu que les Commissaires des Députés extraordinaires du Commerce & des Manufactures, ainsi que ceux de l'Asie & de Tabago n'étoient pas présens à la séance du jour, il a été dit qu'il ne seroit pris au-

eun arrêté à cet égard qu'après avoir foumis
ce projet d'adreffe à la difcuffion de MM. les
Commiffaires abfens. En conféquence, la
féance a été ajournée à Mardi prochain 8
du courant, & arrêté qu'il feroit écrit cir-
culairement à chacun de MM. les Commiffaires des Colons réunis & des Députés du
Commerce & des Manufactures pour les en
informer, avec invitation preffante de vouloir bien fe trouver à l'Affemblée qui fe
tiendra Mardi prochain à midi précis, Hôtel
de Maffiac.

La féance a été levée à deux heures &
demie, & le préfent Procès-verbal arrêté,
clos & figné.

SÉANCE *du 8 Février* 1791.

Préfens MM. D'AUGY, LARCHEVÊQUE-THIBAULT, DE PONS, DE BOURCEL, Commiffaires de MM. les quatre-vingt-cinq arrivés fur le vaiffeau *le Léopard* ; ANNIBAL D'AGOULT, CORMIER, THENET, Commiffaires de la Société des Colons François; DE LA CHARRIERE, BOYVIN, Commiffaires de la Guadeloupe ; DE LA MERLIERE, Commiffaire des Colons de l'Ifle de France.

A l'ouverture de la féance, il a été fait lecture d'une lettre de MM. les Députés extraordinaires des Manufactures & du Commerce, en date du 7 de ce mois, adreffée à MM. les Colons, à l'Hôtel de Maffiac, conçue en ces termes :

Paris le 7 Février 1791.

MESSIEURS,

M. Abeille, l'un de nos collègues, nous a communiqué l'intention que vous lui avez manifeftée d'établir les relations commerciales entre la France & fes Colonies, fur des bafes folides & convenables.

Nous ferons toujours, Meffieurs, très-em-preffés de participer à tout ce qui pourra tendre à ce but.

Nous nommerons des Commiffaires ; ils feront prêts à fe réunir, & à conférer en nombre égal avec ceux que les Repréfentans de toutes les Colonies & de toutes les députations actuellement à Paris, auront concouru à nommer. Nous vous obferverons que pour faciliter & hâter la difcuffion, le plus petit nombre poffible de Commiffaires feroit le plus convenable.

Vous voudrez bien confidérer, Meffieurs, que ce concours eft indifpenfable ; s'il n'avoit pas lieu, les conférences, loin d'obtenir l'af-fentiment de tous les Commettans, ne fe-roient, au contraire, qu'augmenter les divi-fions, & feroient cenfurées par cela même qu'elles auroient une approbation partielle.

Nous vous prions donc de travailler effi-cacement à la réunion de toutes les opinions, afin que le commerce de France n'ait point à traiter avec quelque collection d'individus, mais avec la totalité des intérêts divers.

Nous vous prions encore, Meffieurs, de croire que ces précautions nous font infpi-

rées par un véritable amour de la paix, &
le plus sincère désir de terminer de longues
& déplorables divisions qui font gémir les
bons citoyens. MM. les Colons résidans à
Paris, témoins de la conduite & des démarches de notre Comité depuis sa formation
à Versailles, lui rendront la justice de dire,
qu'il n'a rien négligé pour les prévenir.

Nous avons l'honneur d'être, avec le plus
parfait attachement,

MESSIEURS,

Vos très-humbles & très-obéissans
serviteurs,

*Les Députés extraordinaires des Manu-
factures & du Commerce de France,*

Signés BAUX, *Président,* ISSERANT,
Secrétaire.

La matiére mise en délibération, & après
une longue discussion, il a été arrêté que
MM. de Pons & Cormier, Commissaires,
se transporteront au Comité des Députés extraordinaires des Manufactures & du Commerce, & y feront lecture du Projet d'A-
dresse à l'Assemblée Nationale, proposé par

M. de Pons, & recueilleront les observations du Comité, pour en rendre compte à la prochaine séance,

En conséquence, l'Assemblée a été ajournée à Jeudi prochain, 10 du courant.

La séance a été levée, & le présent Procès-verbal arrêté, clos & signé.

SÉANCE du 10 Février 1791.

Préfens MM. DAUGY, DE PONS, DE BOURCEL, Commiſſaires de MM. les Quatre-vingt-cinq, arrivés ſur le Vaiſſeau *le Léopard*; BILLARD, CORMIER, THENET, Commiſſaires de la Société des Colons François; DE LA MERLIERE, Commiſſaire des Colons de Pondichéry.

MM. Cormier & de Pons, qui s'étoient rendus la veille au Comité des Députés extraordinaires des Manufactures & du Commerce, ont dit, M. Cormier portant la parole :

MESSIEURS,

Les Députés extraordinaires du Commerce vous ayant fait ſavoir que leur Comité ſeroit aſſemblé le jour d'hier (Mercredi 9), nous nous y ſommes rendus chargés de vos pouvoirs. Nous avons annoncé au Préſident de ce Comité que nous avions miſſion de conférer avec les Membres qui le compoſent, ſur la lettre qu'ils avoient adreſſée, le 7 de ce mois, à la Commiſſion réunie à l'Hôtel de Maſſiac.

M. le Préfident a répondu, que le Comité étoit, pour le moment, occupé d'affaires importantes qui avoient attiré dans fon fein fix Membres de l'Affemblée Nationale ; qu'il voyoit avec regret qu'on ne pouvoit pas donner à l'objet de notre miffion le temps & l'attention néceffaires ; mais que le Comité auroit foin de nous donner avis du jour & de l'heure où nous pourrions librement conférer fur les intérêts qui nous étoient confiés.

Quelques Membres du Comité ont pris la parole, & notamment M. Bégouin, Membre de l'Affemblée Nationale, fur le fond de l'objet qui avoit donné lieu à la lettre du 7, adreffée par le Comité à la Commiffion, pour effayer de prouver que la pétition projettée feroit inconftitutionnelle, ou au moins inutile.

M. Monneron a ajouté que l'Arrêt du 30 Août 1784, feroit loi jufqu'à la nouvelle organifation des Colonies ; ET, QUOIQU'IL FUT INFINIMENT PRÉJUDICIABLE AU COMMERCE, il fentoit la néceffité que les chofes demeuraffent en cet état jufqu'à cette époque.

Nous avons répondu à ces diverfes affertions en développant fuccinctement quelques-uns des motifs qui ont décidé l'opinion de la Commiffion fur la néceffité de la pétition,

& ne voulant pas enlever au Comité des mo-
mens dont il avoit déja fixé l'emploi, nous
nous fommes bornés à prier M. le Préfident
de différer le moins poffible l'époque d'une
feconde audience.

M. le Préfident a répondu, que le lende-
main le Comité s'affembleroit pour fixer le
jour, & qu'il feroit paffer auffi-tôt à l'Hôtel
de Maffiac, le réfultat de fa délibération. Sur
ce, nous nous fommes retirés.

La Commiffion a voté des remercîmens à
MM. de Pons & Cormier fur la prudence
qu'ils ont manifeftée dans cette circonftance.

Au moment de lever la féance, il a été
remis fur le Bureau une Lettre du Comité
des Députés extraordinaires du Commerce,
lecture en a été faite ainfi qu'il fuit :

« Les Députés extraordinaires du Com-
» merce de France ont l'honneur de préve-
» nir MM. les Commiffaires des Colonies
» de l'Hôtel de Maffiac, qu'ils fe réuniront
» Vendredi, à une heure, à leur Comité,
» rue Royale, Butte-Saint-Roch, & les in-
» vitent à vouloir bien s'y rendre. »

Le 10 Février 1791.

Sur quoi délibérant, il a été arrêté que MM. de Pons & Cormier se rendront demain, 11 du courant, sur l'invitation ci-dessus, au Comité des Députés du Commerce ; & en conséquence il a été dit qu'il seroit écrit à chacun des Membres de la Commission de vouloir bien se rendre à l'Hôtel de Massiac le Samedi 12 courant, à midi précis, pour y entendre le rapport de MM. de Pons & Cormier.

La séance a été levée, & le présent Procès-verbal arrêté, clos & signé.

SÉANCE du 12 Février 1791.

Préfens MM. D'AUGY, DE PONS, LAR-
CHEVÊQUE - THIBAULT , Commiffaires de
MM. les quatre-vingt-cinq arrivés fur le vaif-
feau *le Léopard* ; BILLARD, ANNIBAL D'A-
GOULT , CORMIER , THENET , Commiffaires
de la Société des Colons François ; BOIVIN,
Commiffaires des Colons de la Guadeloupe.

MM. Cormier & de Pons ont rendu compte
de leur feconde démarche auprès des Députés extraordinaires du Commerce ; M. de
Pons portant la parole a dit : « Meffieurs ,
» nous nous fommes rendus hier à l'heure
» qui nous avoit été indiquée au Comité des
» Députés extraordinaires du Commerce,
» nous les avons trouvés réunis au nombre
» de quinze ou environ ; nous avons com-
» mencé par leur donner communication
» du Projet d'Adreffe à l'Affemblée Natio-
» nale, & du Projet de Décret qui y eft
» joint ». — MM. Les Députés extraordi-
» naires du Commerce ont répondu, «qu'une
» fimple lecture ne leur fuffifant pas pour

» prendre une détermination, ils nous de-
» mandoient de la leur laisser, & qu'ils inf-
» truiroient incessamment le Comité des Co-
» lons réunis du résultat de leur délibéra-
» tion. —— Nous leur avons dit que nous ne ve-
» nions pas, comme des négociateurs politi-
» ques, enveloppés de ruses & de dissimulation,
» mais comme des Colons qui gémissent des
» désordres auxquels leurs Concitoyens font
» en proie, & qui sentent toute l'importance
» d'employer les moyens de paix & de
» conciliation pour les faire finir. —— Nous
» n'avons jamais cessé, ont-ils dit, de désirer
» cette harmonie que vous désirez vous-
» même, nous avons tout sacrifié pour cela.
» Envain a-t-on lancé contre nous les in-
» jures les moins méritées; en vain les Dé-
» putés de Saint-Domingue s'en font-ils
» permis jusqu'à *satiété*, dans le sein même
» de l'Assemblée Nationale; jamais on ne
» nous a vu sortir de cette modération & de
» cette impartialité qui caractérisent l'homme
» au-dessus du reproche & le citoyen ami de
» la paix; mais dans la proposition qui nous
» est faite aujourd'hui, nous n'osons nous
» promettre l'effet qu'on en attend; il est, au
» contraire, à craindre que les Colonies ne
» voyent avec mécontentement qu'on ait an-

» ticipé fur l'initiative qui leur eft accordée
» par le Décret du 8 Mars fur les rapports
» commerciaux. — Nous leur avons auffi-tôt
» obfervé que l'objet de notre demande n'étoit
» pas de priver les Colonies d'aucun de leurs
» droits, puifque nous n'entendions pas que
» rien fût définitivement décrété avant là
» manifeftation de leur vœu. C'eft ainfi, avons
» nous dit, qu'on en agit pour la conftitution
» intérieure ; car le Décret du 8 Mars donne
» auffi aux Colonies l'initiative fur la Confti-
» tution, la Légiflation & l'Adminiftration qui
» conviennent à leur profpérité & au bonheur
» de leurs Habitans, & cependant le Comité
» Colonial fait un plan de Conftitution
» dont les Affemblées Coloniales adopteront
» les parties qu'elles jugeront à propos. Ce
» qui fe fait pour le régime intérieur ,
» nous défirons , & avec plus de raifon ,
» qu'on le faffe pour les rapports commer-
» ciaux ; car il y a une infinité d'objets qui
» paroiffent devoir être compris dans le ré-
» gime intérieur, qui au contraire intéreffent
» le Commerce de la Métropole, & *vice*
» *verfa.*

» Si le foin de les claffer eft laiffé aux
» Affemblées Coloniales, c'eft leur préparer
» encore de nouveaux embarras, de nou-

velles

» velles difficultés, de nouveaux défordres,
» de nouvelles divifions, peut-être de nou-
» veaux carnages.

» Comme toutes leurs opérations ne feront
» pas également agréables à chaque individu,
» ceux dont elles auront bleffé·les intérêts
» invoqueront l'intérêt du Commerce ; delà
» des coalitions & des malheurs.

» Il peut encore arriver qu'avec la meil-
» leure volonté & le plus grand refpect pour
» le Commerce de la Métropole, les Affem-
» blées Coloniales bleffent ces rapports. Il
» eft du moins très-facile de prévoir qu'elles
» feront embarraffées dans beaucoup de
» cas : d'abord, elles ont la faculté d'adopter
» dans les Décrets de l'Affemblée Nationale,
» tout ce qui convient à leurs localités ; car
» ce n'eft que la différence de ces localités
» qui néceffite les différences dans la Confti-
» tution. D'après ce principe, le Décret fur
» l'organifation du pouvoir judiciaire, rédui-
» fant la contrainte par corps aux feules ma-
» tières de commerce pour les affaires pure-
» ment de Négociant à Négociant, puifqu'eux
» feuls font appelés à la formation des Tri-
» bunaux de commerce, il s'enfuit naturel-
» lement que, dans les Colonies comme
» en France, cette Loi peut être exécutée.

D

(59)

» Cependant le Commerce de France a, dans
» les Colonies, le privilége de la contrainte
» par corps pour tous les objets de cargaifon.
» Ce privilége doit-il être maintenu, ou
» doit-il être aboli ? C'eft une queftion
» qui ne fauroit être décidée fans avoir en-
» tendu les Colonies & le Commerce. Il
» faut donc prévenir que cette exception doit
» exifter jufqu'à l'organifation des rapports
» commerciaux, autrement les Affemblées
» Coloniales ne pourront pas s'empêcher d'y
» porter atteinte ; les Négocians fe foulève-
» ront, crieront A L'INDÉPENDANCE ! Les
» Citoyens, appuyés du Décret de l'Affem-
» blée Nationale, foutiendront leurs droits ;
» & encore des malheurs !
» Ce même Décret fur le pouvoir judi-
» ciaire porte, que la juftice fera uniformé-
» ment rendue, & que tous étant égaux aux
» yeux de la Loi, tous font affujettis aux
» mêmes Tribunaux & aux mêmes formes.
» Si cette partie eft acceptée (comme il n'eft
» pas douteux, fi on ne prévient qu'elle ne
» doit pas l'être) que deviendra la faculté
» exclufive dont le Commerce jouit d'affigner
» à l'extraordinaire fes débiteurs, & d'obte-
» nir Sentence dans vingt-quatre heures ?
» Si le Commerce renonce à cette faculté, il

» doit se taire; s'il veut la conserver, il faut qu'il

» parle : & dans l'un & l'autre cas il est essen-

» tiel que ses intentions parviennent dans les

» Colonies avant leur organisation intérieure,

» afin d'ôter tout nouveau prétexte aux enne-

» mis du bien public.

» La forme de constater les avaries est cer-

» tainement une fonction de police; elle doit

» donc nécessairement entrer dans l'organi-

» sation des Municipalités ; le Commerce de

» France ne peut pas être indifférent sur cette

» forme qui influe sur les assurances. Ainsi

» les Assemblées Coloniales ne peuvent pas

» la déterminer sans le concours du Com-

» merce de France.

» Il faut donc qu'elles en soient prévenues.

» Il est encore une infinité d'objets qui

» semblent être du régime intérieur, qui ont

» une affinité complette avec le Commerce,

» & qui laissent aux deux partis la faculté

» d'une interprétation arbitraire ; ainsi quelle

» que soit la conduite des Corps représenta-

» tifs des Colonies, on prétextera qu'ils ont

» blessé les rapports commerciaux dans tout

» ce qui aura pour objet d'anéantir des abus,

» de quelque nature qu'ils soient.

» Enfin, l'instruction du Comité colonial

» indique aux Colonies leurs droits qu'elles

» connoiſſent parfaitement, celle relative
» aux rapports commerciaux doit indiquer
» leurs obligations qu'elles peuvent ignorer;
» ſi la première leur apprend ſurabondam-
» ment ce qu'elles peuvent faire, la ſeconde
» leur apprendra ce qu'elles doivent reſpecter.
» D'ailleurs, cette précaution eſt encore in-
» diſpenſable pour faire accorder ſans danger
» aux Colonies, le RÉGIME INTÉRIEUR dont
» elles ne peuvent abſolument ſe paſſer.
» La Société des Amis des N.... ſe
» donne des mouvemens qui font trembler
» pour la propriété des Colons; les principes
» de l'Aſſemblée Nationale leur ſont auſſi
» contraires, on ne peut donc les raſſurer
» qu'en leur déléguant le droit de faire leurs
» Loix locales. — A cet égard, Meſſieurs,
» nous ont-ils répondu, nous pouvons affoi-
» blir vos inquiétudes. D'abord, pour cette
» légiſlature, vous n'avez aucun danger à
» courir, & ſi dans la légiſlature prochaine
» vous veniez à être menacés d'une Loi deſ-
» tructive de vos propriétés, vous aurez pour
» vous la fraternité & le patriotiſme des Né-
» gocians; ſi vous leur faiſiez l'injuſtice de
» douter de la vérité de ces ſentimens, il eſt
» un Dieu plus puiſſant encore qui les fera
» veiller ſur vos poſſeſſions, & ce Dieu c'eſt

» l'intérêt. Vous n'avez donc à craindre que
» les menées sourdes & ténébreuses des Amis
» des N.... C'est à la surveillance des Af-
» semblées coloniales & des Comités des
» paroisses à en prévenir les désastreux effets.
» Ainsi vous voyez que vos craintes ne font
» pas aussi fondées que votre intérêt vous
» l'avoit pu faire croire. » — Nous n'a-
vons pas pu nous défendre de leur observer
« qu'en constitution, les probabilités ne suf-
» fisent pas. La Loi doit s'expliquer, c'est à
» elle à prononcer clairement sur tous les
» différens articles du pacte social ; un état
» d'incertitude est toujours un état inquié-
» tant. Or, si le Corps constituant ou législa-
» tif ne peut pas prononcer cette Loi, mal-
» gré sa nécessité, il faut qu'il en donne
» le droit à ceux qu'elle intéresse. Que la
» surveillance continuelle recommandée aux
» Assemblées coloniales & aux Comités des
» Paroisses offerte comme le moyen le plus
» efficace pour prévenir la subversion totale
» des Colonies, présente aux habitans la
» perspective d'une existence de la dureté
» de laquelle toutes les richesses possibles ne
» sauroient dédommager ; car qu'est-ce que
» c'est que des propriétés, qu'est-ce qu'une
» vie qu'on ne peut conserver que dans des

» anxiétés continuelles, qu'en étant sans cesse
» sous les armes & en sentinelle pour voir
» d'où vient l'ennemi ?

» Une pareille situation est trop pénible
» pour être durable ; nous avons vu que le
» RÉGIME INTÉRIEUR étoit indispensable à la
» tranquillité des Colons & à l'accroissement
» de leurs cultures, & nous avons cru qu'il
« étoit d'autant plus facile de le leur accor-
» der, que les intérêts commerciaux en étant
» une fois parfaitement distincts, le com-
» merce devenoit intéressé à le demander
» avec nous.

» Ce moyen est le seul qu'on puisse mettre
» en usage pour consacrer la Loi désirée,
» pour annoncer aux Amis des N . . . . que
» leurs démarches auprès de l'Assemblée Na-
» tionale, comme dans les Colonies, seront
» désormais nulles, & pour désabuser les N....
» eux mêmes des espérances qu'on leur donne
» que la France les rendra à la vie oisive,
» errante & vagabonde après laquelle ils
» soupirent, parce qu'ils ne connoissent pas
» leurs besoins. Cet espoir qu'on leur a déja
» fait concevoir, a apporté de grands chan-
» gemens dans leur obéissance & dans leur
» assiduité au travail. Le plus court espace
» suffit pour porter ces maux à leur comble,

» & s'ils n'apprennent bientôt que la mesure
» des bienfaits qu'ils recevront de leurs
» maîtres sera celle de leurs services ; le
» terme de deux ans suffira pour aggraver
» tellement ces malheurs, que par la marche
» naturelle des choses, les Colonies seront
» en proie à toutes les horreurs de la dé-
» vastation & du carnage.

» Au reste, Messieurs, nous nous étions
» d'abord réunis pour prévenir ces malheurs.
» Quatre de vos Commissaires s'étoient joints
» à nous ; ils s'en sont éloignés au moment
» où il falloit prendre un parti ; nous nous
» sommes rapprochés de vous, parce que
» nous avons-cru que vos lumières & vos
» secours nous étoient également nécessaires.
» Voici la seconde démarche que nous fai-
» sons, & nous en ferons avec plaisir d'autres,
» pour peu qu'elles nous promettent le suc-
» cès que nous en attendons. Nons vous
» laissons le projet de pétition à l'Assemblée
» Nationale ; nous vous prions d'instruire
» notre Commission du résultat de la délibé-
» ration aussi-tôt que vous l'aurez prise, &
» nous nous sommes retirés. »

La matière mise en délibération il a été
arrêté que la Commission attendra la réponse
que MM. les Députés extraordinaires du

Commerce ont promife : en conféquence il
a été convenu qu'auſſitôt qu'elle parviendra,
la Commiſſion ſera convoqué ; & dans le
cas où elle ſeroit inutilement attendue , la
ſéance a été ajournée à mardi prochain 15
du courant, pour prendre un parti que les
circonſtances rendent de plus en plus néceſſaire & preſſant , & avons ainſi clos, arrêté
& ſigné.

SÉANCE du 23 Février 1791.

Présens MM. BACON DE LA CHEVALERIE, D'AUGY, DE PONS, LARCHEVÊQUE-THIBAULT, Commissaires de MM. les quatre-vingt-cinq arrivés sur le Vaisseau *le Léopard*; ANNIBAL D'AGOULT, CORMIER, THENET, Commissaires de la Société des Colons François; BOIVIN, Commissaire des Colons de la Guadeloupe.

A l'ouverture de la séance, il a été fait lecture d'une lettre de MM. les Députés extraordinaires des Manufactures & du Commerce de France, en date du 20 de ce mois, à laquelle étoit joint, 1.° copie de la lettre envoyée dans toutes les places du Commerce du Royaume; 2.° le projet de pétition à l'Assemblée Nationale; ainsi que le projet de décret qui avoient été communiqués à MM. les Députés extraordinaires du Commerce, par MM. de Pons & Cormier, membres de la Commission.

Le Comité du Commerce par sa lettre, s'exprime ainsi :

MESSIEURS,

« Nous avons lu très-attentivement le » projet d'adresse que vous aviez intention

» de préfenter à l'Affemblée Nationale ; nous
» en avons péfé les inconvéniens & les avan-
» tages.

.» Le Comité Colonial , d'accord avec les
» Décrets de l'Affemblée Nationale, a arrêté,
» Meffieurs , qu'il ne l'entretiendroit des
» rapports extérieurs des Colonies avec la
» Métropole , qu'après que les Affemblées
» Coloniales auront manifeflé leur vœu ; ce
» feroit donc une démarche au moins pré-
» maturée , que celle qui tendroit à prévenir
» ce vœu. Nous avons cru, en conféquence,
» qu'il falloit fe borner à demander un Dé-
» cret fur l'objet le plus effentiel de vos in-
» quiétudes.

» Pour appuyer votre pétition , nous avons
» écrit à toutes les Chambres de Commerce,
» & nous avons l'honneur de vous envoyer
» copie de votre lettre.

» D'après cette explication, nous défirons,
» Meffieurs, que vous a lopriez le parti que
» nous vous propofons, de nous renfermer
» dans cette mefure, au fuccès de laquelle
» nous coopérerons très-volontiers. »

Nous avons l'honneur d'être, &c.

Signés LA FLÉCHE, *Préfident ;* COTTIN l'aîné,

Secrétaire.

Le Comité du Commerce, par sa lettre du 19 Février, à toutes les Places du Commerce du Royaume, s'énonce ainsi :

« Les Députés extraordinaires de la partie » du Nord de Saint - Domingue nous ont » adressé, comme à vous, une lettre impri- » mée en date du 14 Février dernier, & la » copie de celle qu'ils ont écrite à MM. les » Colons réunis à Paris. Parmi les principes » qu'ils ont développés sur le régime intérieur » & extérieur des Colonies, celui qui con- » cerne les Nègres & les Affranchis, a fixé » particulièrement notre attention.

» Dans le préambule du Décret du 12 » Octobre dernier, il est dit que l'Assem- » blée Nationale ne prononcera sur l'état des » personnes, que sur la demande formelle » des Assemblées Coloniales.

» C'est sur cette promesse, Messieurs, que » les Colons sont inquiets ; ils voudroient » qu'elle fût mise en Décret constitutionnel » qui les rassurât à jamais sur leurs véritables » intérêts. Nous espérons avec eux que l'As- » semblée Nationale accueillera leur de- » mande, sur-tout si le Commerce vient à » l'appui de leur vœu. Les Commerçans ont » trop d'intérêt à voir enfin renaître dans les » Colonies l'ordre & la paix, pour ne pas

» concourir à faire cesser des divisions & des

» alarmes fondées sur des incertitudes si dan-

» gereuses.

» Le Décret du 8 Mars dernier, les inf-

» tructions du 28 du même mois, le préam-

» bule du Décret du 12 Octobre sembloient

» devoir calmer toutes ces inquiétudes ; mais

» ces mesures sont insuffisantes, sans doute,

» puisque plusieurs sociétés & divers écri-

» vains répandent encore des doctrines con-

» traires à l'esprit de ces Loix, parce qu'elles

» ne sont pas, à tous les yeux, assez claires

» & assez précises.

» C'est d'après ces considérations que nous

» croyons devoir vous prier, Messieurs, de

» présenter une adresse au Corps législatif,

» pour lui demander le Décret que MM. les

» Colons sollicitent avec notre participation.

» Il est d'autant plus instant de former votre

» pétition, que l'Assemblée Nationale pourra

» y faire droit, en adressant aux Assemblées

» Coloniales les instructions qui doivent servir

» de base à leurs travaux, & ces instructions

» doivent être incessamment envoyées.

» Votre demande, Messieurs, doit avoir

» essentiellement pour texte, l'intérêt natio-

» nal à la prospérité des Colonies. La pro-

» messe consignée dans le préambule du

» Décret du 12 Octobre, & le danger des
» maximes puisées dans des principes philo-
» phiques incompatibles avec l'existence de
» nos Isles.

» Nous ne pouvons, au reste, que nous
» en rapporter à tout ce que vous inspirera
» votre patriotisme, & aux mesures qu'il vous
» dictera pour le succès de la cause que nous
» défendons. »

Nous avons l'honneur d'être, &c.

La matière mise en délibération, il a été
arrêté que la réponse à faire à la lettre de
MM. les Députés extraordinaires seroit ajournée. La Commission a néanmoins chargé
M. de Pons de s'occuper de cette réponse
pour en faire usage, si les circonstances
l'exigent.

Sur la proposition faite de fixer le jour
pour les Assemblées de la Commission :

Arrêté que MM. ses Commissaires se réuniront les Mercredis & Dimanches, pour
la suite de leurs travaux, à midi précis, à
l'Hôtel de Massiac.

La séance a été levée, & le présent Procès-verbal arrêté, clos & signé.

SÉANCE du 27 Février 1791.

Présens MM. BACON DE LA CHEVALERIE, DE PONS, D'AUGY, LARCHEVÊQUE-THIBAULT, Commissaires de MM. les quatre-vingt-cinq arrivés sur le Vaisseau *le Léopard*; ANNIBAL D'AGOULT, CORMIER, THENET, Commissaires de la Société des Colons François; DE LA MERLIERE, Commissaire des Colons de Pondichéry.

M. de Pons a fait lecture d'un projet de réponse à la lettre de MM. les Députés extraordinaires des Manufactures & du Commerce, dont il avoit été chargé par la délibération du 23 de ce mois.

Cette réponse, dont la teneur suit, après avoir été discutée, a été adoptée à l'unanimité.

COPIE de la Lettre aux Députes extraordinaires du Commerce, par les Commissaires des Isles Françoises.

Paris ce 27 Février 1791.

MESSIEURS,

« Le parti que vous nous proposez, en
» remplacement du projet que nous avions

» livré à votre examen, se réduisant à deman-
» der·à l'Assemblée Nationale de consacrer
» par un Décret, *le considérant*, de celui du
» 12 Octobre, qui annonce son intention de
» ne rien statuer sur l'état des personnes que
» sur la demande des Colonies, nous paroît
» à la fois insuffisant & attentatoire aux droits
» des Colonies.

» Déjà le Décret constitutionel du 8 Mars
» 1790, donne aux Colonies l'initiative sur
» tout ce qui concerne, leur constitution,
» leur législation & leur administration; puis-
» que, comme vous en convenez, cette dispo-
» sition générale & solemnelle ne garantit pas
» d'une manière assez certaine, les propriétés
» des Colons, le nouveau Décret que vous
» voulez solliciter sera encore insuffisant, car il
» n'ajouteroit rien à la disposition de l'article
» 1er. du Décret du 8 Mars 1790; au con-
» traire, il présenteroit le grand inconvé-
» nient de sembler réduire l'initiative des
» Colonies aux seules questions relatives à
» l'état des personnes.

» Cette nouvelle Loi, qui ne rempliroit
» pas son objet, porteroit donc une atteinte
» funeste aux droits que les Colonies ont in-
» térêt à conserver.

» Sous ce point de vue, Messieurs, notre

» devoir est de vous faire connoître tous les
» dangers de votre projet.

» En supposant que l'effet de votre de-
» mande procurât pour le moment aux Co-
» lonies, la tranquillité après laquelle elles
» soupirent, le Décret dont il s'agit n'au-
» roit jamais le caractère de stabilité conve-
» nable.

» En constitution, Messieurs, le corps lé-
» gislatif a le pouvoir de réformer telle où
» telle loi, lorsque les circonstances ou le
» développement de nouveaux principes lui
» en démontrent la nécessité.

» La seule organisation des pouvoirs est
» immuable & absolument indépendante
» des tems, des lieux & des circonstances ;
» le seul moyen de donner aux Colonies la
» constitution qui leur convient, doit être
» pris dans la source des pouvoirs, où il faut
» puiser pour elles, la portion qui leur est
» nécessaire, pour leurs Loix intérieures.

» La Nouvelle - Angleterre est, avec ses
» Etats parfaitement dans la même hypo-
» thèse, que la France à l'égard de ses Colo-
» nies. Sa déclaration des droits de l'homme,
» porte comme celle de la France, QUE TOUS
» LES HOMMES NAISSENT LIBRES, ET DE-
» MEURENT ÉGAUX EN DROITS, & cepen-

» dant

» dant l'esclavage existe dans presque toutes
» ses parties, comme il existe dans les Co-
» lonies Françoises.

» Comment le Congrès a-t-il pu accorder
» le principe général avec les exceptions
» particulières ? C'est en laissant à chaque
» état le droit de se régir intérieurement, &
» de n'assujettir les parties qu'à l'intérêt gé-
» néral du tout. Au moyen de cette orga-
» nisation politique, l'esclavage est toléré
» dans quelques états & proscrit dans d'autres,
» sans que le Corps législatif central ait violé
» le principe universel de LA LIBERTÉ &
» DE L'ÉGALITÉ.

» L'Assemblée Nationale doit de même
» déléguer aux Colonies le soin indéfini de
» leur régime domestique ; de cette manière
» la déclaration des droits de l'homme sera
» intacte, & les Colonies n'auront jamais à
» craindre aucune loi funeste pour leur ad-
» ministration intérieure, ni attentatoire à
» leurs propriétés.

» Cette vérité avoit déjà été reconnue dans
» notre Comité ; les Commissaires que vous
» y aviez envoyés, n'en étoient pas discon-
» venus. Il existoit une seule difficulté :
» c'étoit de prévenir que, sous prétexte de

» loix particulières, on n'en rendît contre les
» intérêts commerciaux ; & c'étoit pour lever
» cette difficulté que nous avons cru, & que
» nous croyons encore indifpenfable de raf-
» fembler tous les articles qui doivent confti-
» tuer les rapports du Commerce des Colonies
» avec la France, afin de vous intéreffer à
» demander avec nous, pour les Affemblées
» Coloniales, la faculté de faire, pour l'in-
» térieur, tout ce qui ne bleff'eroit pas leurs
» rapports extérieurs.

» Les Colonies ne perdroient pas pour cela
» l'initiative fur le régime prohibitif, puif-
» qu'il ne feroit rien ftatué définitivement à
» ce fujet jufqu'après l'émiffion de leur vœu.
» Cet apperçu leur indiqueroit feulement
» quels font les objets quelles doivent ref-
» pecter, & fur lefquels elles ne peuvent
» influer que par les obfervations qu'elles
» auront droit de faire à l'Affemblée Natio-
» nale ; enfin elles n'en perdroient pas plus,
» par cette inftruction, leur initiative, qu'elles
» ne la perdent par celle qu'on, eft fur le
» point de leur adreffer pour leur conftitu-
» tion intérieure.

» Mais cette initiative accordée aux Co-
» lonies acquerroit-elle, par un nouveau

» Décret, un caractère plus respectable que
» celui qu'elle avoit reçu par l'article I.er
» du Décret du 8 Mars 1790 ? Ce seroit vrai-
» ment s'abuser que de le croire ; & cepen-
» dant, les dispositions de ce dernier Décret
» ont été enfreintes le 28 du même mois.

» D'abord, les Colonies n'étoient point
» comprises, suivant ce Décret, dans la Cons-
» titution décrétée pour le Royaume ; & si,
» avant tout, les Colonies devoient mani-
» fester leur vœu sur leur Constitution, leur
» Législation & leur Administration, il ne
» pouvoit être rien décrété à leur sujet, que
» sur leur demande ; cependant, le 28 du
» même mois, l'Assemblée Nationale les a
» assujetties à une multitude de dispositions
» tout-à-fait étrangères au Décret du 8 mars,
» dont elles sembloient être le développe-
» ment.

» Ces instructions étoient donc une loi à
» laquelle l'Assemblée Nationale entendoit
» assujettir les Colonies avant de les avoir
» entendues. L'initiative consacrée par le
» Décret du 8 Mars 1790, étoit donc ab-
» solument anéantie avant l'expiration du
» même mois.

» *Si elles n'étoient point comprises dans la*

» *Constitution décrétée pour le Royaume*, elles
» ne pouvoient être assujetties à aucune de
» ces parties, & cependant, le 11 Novembre
» dernier, il a été décrété qu'elles seroient
» soumises au Tribunal de Cassation. L'effet
» de ce même décret a ensuite cédé à des
» considérations locales ; cela prouve, de
» plus en plus, combien la Loi est obligée
» de suivre les variations des circonstances.

- » Nous persistons donc à croire, Messieurs,
» qu'il n'y a que la délégation du pouvoir
» aux Colonies pour se régir intérieurement
» qui puisse écarter d'elle tous les dangers,
» & dissiper toutes leurs craintes.

» En proposant de s'occuper des objets
» commerciaux, notre intention étoit de
» rendre à l'utilité du Commerce de France,
» l'hommage que les Colonies lui doivent.
» Nous désirions que les instructions qui y
» auroient été relatives acquissent par le rap-
» prochement & la discussion des parties in-
» téressées, le dégré de bonté qu'elles ne sau-
» roient obtenir sans une combinaison sévère
» des intérêts communs.

» Les Assemblées Coloniales trouvant
» dans cet ensemble des objets commerciaux, la limite de leurs pouvoirs, la

» calomnie n'auroit pu désormais les accuser
» de les avoir outre-passés, & leur vœu sur
» les modifications du régime prohibitif, au-
» roit été bien plus prompt & bien plus facile
» à manifester,

» Si ces nouvelles considérations inspirées
» par l'amour de l'ordre & le désir de la
» paix, peuvent changer votre détermination,
» nous verrons avec une joie inexprimable,
» cette réunion comme un présage certain de
» celle qui s'opéreroit dans les Colonies.
» Si, au contraire, votre résolution est iné-
» branlable, nous n'aurons qu'à gémir des
» malheurs qui se préparent pour nos infor-
» tunées contrées comme pour le Commerce
» lui-même, & à faire tous les efforts que
» notre patriotisme & notre intérêt exigent
» de nous pour les garantir des maux dont
» l'ignorance des lieux, les passions, & l'in-
» térêt personnel les menacent. »

Nous avons l'honneur d'être, avec un fraternel attachement,

M E S S I E U R S,

Vos très-humbles & très-obéissans serviteurs,

*Les Commissaires des différentes Isles Fran-
çoises.*

Sur la proposition faite par un des Membres, de faire imprimer cette lettre le plutôt possible, pour l'envoyer dans les Colonies, & d'en adresser des exemplaires, tant aux Chambres du Commerce du Royaume qu'à tous les Colons actuellement en France.

Après en avoir délibéré, il a été arrêté à l'unanimité, que cette lettre seroit imprimée, & qu'il en seroit envoyé des exemplaires dans les Colonies, ainsi qu'aux Chambres de Commerce du Royaume & aux Colons actuellement en France.

La séance a été levée, & le présent Procès-verbal arrêté, clos & signé.

De l'Imprimerie de QUILLAU, rue du Fouare, N.° 3.